My Little Book of Cebuano Visayan

Vol. 3

By Alfonso Borello

© Copyright 2017 Alfonso Borello
All Rights Reserved
Cover Image by Alfonso Borello

Print Edition

Table of Contents

Copyright
From the Author – 4
Leksyon 1 – 5
Leksyon 2 – 8
Leksyon 3 – 11
Leksyon 4 – 14
Leksyon 5 – 18
Leksyon 6 – 21
Leksyon 7 – 25
Leksyon 8 – 28
Leksyon 9 – 32
Leksyon 10 – 36
Leksyon 11 – 40
Leksyon 12 – 44
Leksyon 13 – 47
Leksyon 14 – 51
Leksyon 15 – 54
Leksyon 16 – 58
Also by the Author – 62
About the Author – 63

From the author

Cebuano aka Visayan or Bisayan/Binisaya has over twenty million speakers in south east Asia, mainly in the Philippines. It is a dialect; therefore, it is written with variations. Acute and grave accents are not used in this book; and particles are often separated or apostrophized as contractions.

To succeed in learning, repetition is paramount, so, repeat ad nauseum.

Leksyon 1

Asa man ka?
Where are you going?

Man has no translation. Just a particle used for euphony.

Sa klinika.
To the clinic.

Sa eskuwelahan.
To school.

Sa munisipyo.
To city hall/municipal office.

Sa plasa.
To town square.

Sa pantalan, ikaw?
To the dock, and you?

Ikaw, asa man?
You, where are you going?

Sa cafeteria, sab.
To the cafeteria, too.

Asa man ka? **Is used also as "What are you up to?"**

Asa man Isagani?
Sa simbahan.
Layo' ba ang simbahan?
Is the church far away?
O, layo'.
Yes, it is.

Layo' ba ang dormitory?
O, layo'.

Layo' ba ang bulagan?
Is the cock pit far away?
O, layo',

Layo' ba ang eskuwelahan, Rick?
O, layo'.

Asa man ka, John?
Sa plasa.
Layo' ba ang plasa?
O, layo'.

Asa man ka, Peter?
Sa bulangan.
Layo' ba ang bulangan?
Dihli, dihli layo.
No, it's not far.

Du'ol ba ang pantalan?
O, du'ol.
Yes, it is near.

Dili'/Dihli, du'ol/duol.
No, it isn't near.

Leksyon 2

Si Peter ug si Ronah nagkita' sa dalan.
Peter and Ronah meet on the street.

Si Peter ug si Ronah nagdala ug sunoy.
Peter and Ronah are carrying roosters.

Si Peter ug si Ronah nagkita' sa dalan; Nagdala sila sunoy.
Asa man, Ronah?
Maayong buntag, Peter!
Ikaw, asa man ka?
Sa bulangan.
Ikaw?
Sa bulangan sab.
To the cock pit too.
Maayo kaayo.
That's good.
Dako' ba ang bulangan?
O, dako'.
Yes, it's big.

Sa also translates: at, in , on, to.

Nindot ba ang simbahan?
O, nindot.
Yes, it's nice.
Gamay ba ang merkado?
Dihli, dihli gamay.

Gamay ba ang pencil?
O, gamay.
Yes, it's small/little.
Dako' ba ang kuwarto?
Dili', dili' dako' ang Kuwarto.
No, the room is not big.
Nindot ba ang pantalan?
Dili', dili' nindot.

Gamay ang pencil.
Gamay ang merkado.
Du'ol ang balay.
Duol ang munisipyo.
Layo' ang bulangan.
Layo' ang klinika.
Dako' ang kuwarto.
Nindot ang simbahan.

Dako' ang lalaki.
The man is big.
Gamay ang bata'.
The child is little.
Nindot ang babaye.
The woman is pretty.
Dako' ang tawo. (pr. Tau)
The person is big.
Gamay ang balay.

Dako' ba ang babaye?
Dili', dili' dako' ang babaye.
Gamay ba ang bata'?

Dili', dili' gamay ang bata'.
Du'ol ba ang munisipyo?
Dili', dili' du'ol ang munisipyo.

Guwapa ba ang babaye?
Is the woman beautiful?
O, guwapa ang babaye.
Guwapo/gwapo ba ang bata'?
O, gwapo ang bata'.
Yes, the child is handsome.

Guwapo ang lalaki.
Handsome man.
Maayo ang lalaki.
The man is doing good.
Kugihan ang babaye.
The woman is working hard.

Guwapa ba ang babaye?
O, guwapa ang babaye.
Kugihan ba ang bata'?
Is the child diligent?
O, kugihan ang bata'.
Dako' ba ang chair?
O, dako' ang chair.
Maayo ba ang tawo?
O, maayo/ma'ayo ang tawo.

Leksyon 3

Usa ka maistro nihapit sa usa ka balay aron sa pagpangayo' ug tubig.
A teacher stopped at the house to ask for water.

Ma'ayo!
Hello!
Kinsa ka?
Who's there?

Ako si Saulo.
I'm Saulo.
Dayon!
Come in.

Pilipino ka ba?
Are you Filipino?
O, Pililipino ako.

Estudiyante ka ba?
Are you a student?
Dili', maistro ako.
Ikaw, maistra ka ba?
And you, are you a teacher?

O, maistra ako.
Kinsay imong ngalan?
What's your name?
Ako si Jessa, asa man ka?

Sa merkado. Layo' ba ang merkado?
Dili'. Dili' layo' ang merkado.

Most of the time you'll hear ayo shouting at the door instead of ma'ayo. When the host will acknowledge your presence she will say dayon which is different from the Tagalog pasok ka.

Si Pedro mi'adto sa balay ni Juan, usa ka opaw. (pr. Opau)
Pedro went to the house of Juan, a bald man.
Nakita' ni Pedro ang amigo ni Juan.
Pedro saw a friend of Juan.

Ha'in man ang tawong opaw?
Where the bald man?
Ang opaw ng tawo?
O'o.
Tua didto sa barberiya.
There, at the barber shop.
Salamat, ha?
Thanks.
Walay sapayan.
You're welcome.

Ha'in man ang tawo?
Sa munisipiyo.
Ha'in man ang lapis?
Where's the pencil?
Ha'in man ang libro?
Where's the book?

Ha'in man ang siyudad/ciudad?
Where' town?
Ha'in man ang iro'?
Hain/ha'in man ang tatay?
Where's dad?
Hain man ang nanay?
Where's (the) mother?
Hain man nga proyecto?
Where are the projects?

Leksyon 4

Ang gamaying libro ng Binisayan.
My little book of Cebuano.

Ang guwapong bata.
The handsome child.

Ang berdeng plasa.
The green plasa.

Ang dakong simbahan.
The big church.

Hain man ang babayeng Amerikana?
Where's the American woman?

Hain man ang maayong restaurant?
Where's a good restaurant?

Tu'a didto ang maayong restaurant.
A good restaurant is there on the right.

Hain man ang maayong/ma'ayong barberiya?
Where's a good barber shop?

Na'a.
There.

Ha?
Ok?

Salamat.
Thank you.
Walay sapayan.
You're welcome.

Maayo kaayo.
Very good.

Hain ang kalo'?
Where's the hat?

Dinha'.
There. (Very close)

Hain ang iro'?
Where's the dog?

Ni'a.
Here. (Very close)

Hain ang lamisa?
Where's the table?

Na'a.
There.

Pedro nakakita' ug lalaki nga nag'inom ug tuba' sa tindahan.
Pedro saw a man drinking tuba at the store.

Nag'inom siya usay iyang gi'inom.
He asked what he was drinking.

Unsa man na'?
What's that?
Tuba' ni.
It's tuba.

Lami' ba kana'?
Is that good?

O. Lami' kaayo.
Yes, very good. (Very much)

Use na when the thing is near you and use ni when is close to the person you're asking the question to.

Unsa man ni?
What's this?

Lapis na.
It's a pencil.

Unsa man na?
What's that?

Sinina' ni.
It's a dress.

When the thing is far away, you use to or kadto for questions. (pr. Toh/toe)

Unsa man to?
Balay to.

Unsa man to?
Lamisa to.
It's a table.

Leksyon 5

Kini ang bongbong.
This is a wall.

Kini ang kuwarto/kwarto.
This is a room.

Kini ang libro.
This is a book.

Kini ang kusina.
This is a kitchen.

Kini ang sala.
This is a sitting room.

Kini ang munisipiyo.
This is city hall.

Unsa man to?
Kadto ang sapatos.
That's a shoe.

Unsa man to?
Kadto ang kahoy.
That's the wood/tree.

Kinsa man na?
Kini si Pedro.

Kinsa man ni?
Kini si Jo Mae.
Kinsa man to?
Kadto si Isagani.

Unsa man na?
Kini ang iro'?

Unsa man to?
Kadto ang kahon.
That's a box.

Unsa man na?
Kini ang pultahan.
It's a door.

Kinsa man kadto?
Kadto si Irene.

Kinsa kini?
Kini si Jonah.

Babaye ba si Jonah?
Dihli, dihli babaye si Jonah.

Dako' ba si Jonah?
O, dako' si Jonah.

Guwapo ba si Jonah?
(O) Guwapo si Jonah.

Estudiyante ba si Mary?
Dili' estudiyante si Mary.

Si Mario ug si Jon nagkita' sa pantalan.
Mario and Jon meet at the dock.
Si Mario nagdala' ug dakong kahon.
Mario was carrying a big box.

Si Ben nagdala' ug isda.
Ben was carrying fish.

Nangutana si Ben unsa gidala ni Mario.
Ben ask Mario what he was carrying.

Unsa man na?
What's that?

Kining dakong kahon?
(You mean) this big box?

O, kanang kahon.
Yes, that box.

Tabako.
Tobacco.

Uy! Smugler ka di'ay!
Oh, you're a smuggler.

Leksyon 6

Kinsa kanang tawo?
Who's that person?

Kinsa kanang tawong tambok?
Who's that big (fat) person?

Kinsa kadto lalaki?
Who's that man?

Kinsa kadtong tawong lalaki?

Kinsa kadto babaye?
Who's that woman?

Kinsa kadtong niwang babaye?
Who's that slim woman?

Kinsa kana bata?
Who's that child?

Kina kanang kugihan bata?
Who's that diligent child?

Kinsa siya?
Siya si Juan, abogado siya. (lawyer)

Unsa kana' siya?
Siya si Robert, maistro siya.

Unsa kini siya?
Siya si Anselmo, mayor siya.

Kinsa kanang tawong taas?
Kanang Amerikano?
O, kinsa na siya?
Siya si Manuel, mubo' siya.

Ako si Reynald.
Estudiyante ako.
Ikaw si Rodelyn.
Maistra ka.
Siya si Alfonso.
Estudiyante siya.
Amerikano siya.
Taas (tall) kayo siya.

Guwapa ba si Rodelyn?
Dili, dili siya guwapa.
Kugihan ba si Rodelyn?
O, kugihan siya.

Niwang ba si Pedro?
Dihli, dihli siya niwang.
Mubo siya?
O, mubo siya.
Yes, he's short.

Kinsa kanang mga (pl, pr: maha) babayeng niwang?
Sila si Cecilia ug (pr: ae) si Carmen.

Unsa kana sila? (pl)
Mga maistra sila sa Manila.

Kina kanang mga tawo?
Sila si Rob ug si Carlos.

Kinsa kadtong mga lalaki?
Kinsa kanang mga bata?
Kinsa kining mga babaye?
Kinsa kadtong mga abogado?

Kinsa man sila? (pl)
Sila si Carmen ug si Joanna.

Unsa kana sila?
Mga Amerikano sila.
Unsa kana sila?
Mga Pilipino sila.

Unsa kana siya?
Maistro siya.
Unsa kana sila?
Mga estudiyante sila.

Mga estudiyante ba si Mary ug si Carmen?
Mga maistra sila.
Dili, dili sila mga estudiyante.

Some adjective become plural with the simple addition of g.

Taas, tagas
Dako, dagko
Mubo, mugbo
Lapad, lagpad
Gamay, gagmay

Leksyon 7

Si Jane ug si Carmen nanglinkod sa garden.
Jane and Carmen are sitting in the garden.

Milabay ang usa ka lalaki.
A man passed by.

Sus! Kaguwapo! Kinsa na siya?
Wow! How handsome! Who is he?

Siya si Domingo.
Dili' ba siya palikero?
Isn't he a playboy?
Dili, dili siya palikero.

Dili ba siya abogado?
Dili, dili siya abogado.

Dili ba siya Pilipino?
Dili, dili siya Pilipino.

Dili ba siya bako'?
Dili, dili sisya bako.

Dili ba siya maistro?
Maistro siya.

Dili ba ka estudiyante?
O, estudiyante ako.

Dili ba sila Amerikano.
Amerikano sila.

Naa ba dinha si Sam?
Naa siya dinha.

Nia ba dinha si Robert?
Nia siya dinha.

Tua ba didto si Rodrigo?
Tua siya didto.

Hain man si Juan? Nia ba siya dihni?
O, nia siya dihni.

Usa ka tawo mihapit sa balay iyang amigo.
A man stopped at his friend's house.

Maayo!
Dayon!
(The friend sees a beware sign)
Gamay ba ang iro? (dog)
Dili siya gamay. Dako' siya.
Nia ba dinhi ang iro?
Wala. Wala siya dinhi.
He's not there.

Wala dinhi ang babaye.
Wala didto ang mga bata.
Wala dinha ang Amerikano.
Wala ka dinha.
You are not there.

Amerikano ka ba?
Dili.
Dili ba siya estudiyante?
Dili.
Nia ba siya dinhi?
Is he here?
Wala. (negation)
Tua ba sila didto?
Wala.
Nia ka ba dinha?
Are you there?
Wala.

Leksyon 8

Si Carmen ug si Rodelyn ninalabay sa balay ni Rosa nga nagsul-ob ug nindot mga sinina.
Carmen and Rodelyn went by Rosa's house wearing fine clothes. (well dressed)

Kalami! Asa man kamo?
How nice! Where are you all going?

Adto kami sa bayli.
We're going dancing. (to the dance place)

Nain man ang bayli?
Where's the dancing place?

Tua didto sa munisipiyo.
There at city hall.

Ikaw, asa man?
You, where are you going?

Anhi lang ko dinhi.
I'll be here. (just stay here)

Sus!
Gosh!

Asa man siya?
Adto siya sa merkado.

Asa man kamo?
Adto kami sa bulangan.

Asa man sila?
Adto sila sa barberiya.

Asa man kita?
Adto kita sa tindahan.

Asa man ko?
Adto ka sa siyudad.

Asa man kami?
Adto kamo sa simbahan.

Maayo.
Dayon.
Nia ba si Jory Mae?
Wala siya dinhi.
Haim na siya?
Tua siya didto sa pantalan.
Asa man siya?
Adto siya sa Cebu.

Si Mae nagbasa ug komiks.
Mae was reading comics.

Ang iyang inahan nagbasa ug balita.
Her mother was reading the news.

Susmariosep!
Oh my God!
Unsa man ni?
What's this?

Hain?
Where?
Kining laksot nga tawo.
This ugly person.

Abat kana siya.
It's a spirit.

Aduna bay tawo diha?
Anyone there?

Si Bez ug si Josefa nagkatabo sa usa eskina.
Bez and Josefa met at the corner.

Uy, Bez! Diin man ka?
Hey Bez, where have you been?

Didto sa dagat. Init dinhi sa Cebu.
Here in the water (ocean). It's hot in Cebu.

Bitaw. Init kaayo.
Indeed. Very hot.

Ikaw? Diin man ka?
And you, where have youl been?

Didto sa siyudad.
Here in the city.

Leksyon 9

Taga diin man ka?
Where are you from?

Taga Bohol ko.
I'm from Bohol.

Kinsa kadtong babaye?
Whos's that woman?

Kadto si Maricel.
That's Maricel.

Taga diin man siya?
Taga Zamboanga siya.

Si Anselmo nilabay sa botika nga gilingkoran ni Carla.
Anselmo went by the shoppe where Carla was sitting.

O, Anselmo! Diin man ka?
Hey Anselmo! Where have you been?

Didto sa plasa.
There in the plaza.

Nag'unsa ka didto?
What did you do there?

Nagsuroysuroy lang.
Just walking around.

Nag'unsa ka dinhi?
Nagka'on ko dinhi. (eat)

Nag'unsa ka dinha?
Naginom ko dinha. (drink)

Nag'unsa ka diha?
Nagdula ko diha. (play)

Nag'unsa ka didto?
Nagsayaw ko didto. (dance)

Diin man sila?
Dinha sila sa merkado.
Nag'unsa sila dinha?
Nag'inom sila dinha.

Hain man si Isagani?
Tua sisya didto sa kuwarto.
Nag'unsa man sisya?
Nag'ilis siya. (change)

Ha'in man si Joel?
Naa siya dinha sa balay.
Nag'unsa man siya dinha?
Nagluto siya.

Hain man si Pedro?
Sa eskwelahan siya.
Nag'unsa man siya?
Nagtu'on siya. (study)

Si Carlos mihapit sa usa ka 'nipa hut' aron sa pagdagkot sa iyang sigarilyo.
Carlos stopped at a nipa hut to light a cigarette.

Maayo!
Anybody home?

O, dayon.
Come in.

Duna ka bay posporo?
Have you got any matches?

O, duna.
Yes, (I) have.

Duna ka bay kuwarta? (money)
O, duna.

Duna ka bay sigarilyo?
O, duna.
Duna koy sigarilyo.

Duna ko iro'.
Duna siya iring. (cat)

Duna ka sinina.
Duna mi papel.
Duna sila kuwarta.

Leksyon 10

Duna ba siya kuwarta?
Duna ba kamo papel?
Duna ba sila merienda? (snack)
Duna ba mo diaryo? (newspaper)
Duna ba ka saging? (banana)

Duna ba moy pepsi?
O, duna.
Ha'in man?
Tu'a didto sa second shelf.

Duna ka bay tuba? (drink made with buko juice)
O, duna koy tuba, nong. (addressing man older than you; nang for ladies)

Kinsa kadtong guwapang babaye?
Si Carla to.
Duna ba siyay trato? (someone/boyfriend/gf)
O, duna siyay trato. Si Anselmo.
Taga di'in man siya?
Kinsa, si Carla?
Dili. Si Anselmo.
Taga Zamboanga siya.
Muslim ba?
Dili'. Dili' siya Muslim. Insik. (Chinese)

Si Carlo niadto sa tindahan aron sa pagpalit ug buko. (coconut)

Carlo went to the store to buy buko.
Maayong buntag!
Good morning!
Duna ka bay buko juice?
Do you have coconut juice?
Wala'.
Out of it.
O, sagdi lang.
Oh, never mind.

Maayong udto. (around noon)
Maayong hapon. (afternoon)
Maayong gabi. (evening)

Duna ba kay relo? (clock)
Duna ba kay singsing? (ring)
Duna ba kitay sinilas? (sandals)
Duna ba moy sapatos? (shoes)
Duna ba silay kalsonis? (pants)

May kuwarta ka ba?
O, may kuwarta ako.
Hain man ang kuwarta?
Naa dinha sa lamisa.
Dili' kini kuwarta! Papel kini.

Maayong gabi!
Gabi'i sab. (too)
May bir ba kamo? (beer)
Wala'. RC cola lang.

Duna ka bay tanduay? (domestic rum brand)
O, duna.
Sigi, RC ug tanduay. (sigi, ok)

Dunay sinilas si Juan.
Juan has slippers.
May sigarilyo si Carlos.
Carlos has cigarettes.
May posporo ba si Rodelyn?
Does Rodelyn have matches?

Si Rosa nagshopping sa merkado.
Rosa went to market to shop.
Unsay imo, day?
What would you like, Miss?
Pulseras ako, nang. (to address another lady)
A watch.
Kining itom nga pulseras?
This black watch?
O, kana.
Yes, that one.

Hain man ang bag?
Nia dinhi sa lamisa.
Here, on the table.
Imo ba kini?
Is that yours?
O, ako kana.

Imo ba kini?
Ako kana.

Imo ba kana?
Ako kana.
Imo ba kadto?
Ako kadto.

Ako ang sabon. (soap)
Imo ang papel.
Ako kadtong tualya. (towel)
Imo kining sapatos.

Leksyon 11

Imo ba kining berdeng bag? (green)
O, ako kanang berdeng bag.

Imo ba kanang itom kalsonis? (black)
O, ako kanang itom kalsonis.

Imo ba kining puti tualya? (white)
Imo ang puti tualya.

Imo ba kanang pula relo? (red)
Ako kanang pula relo.

Ako kining berdeng libro.
Imo ba na?
O, ug imo kanang pula.
O, ako kining pulang libro.

Imo ba kining kapeng tualya? (brown)
Dili ako kanang kapeng tualya.

Ako ba kining asul nga sinilas? (blue)
Dili imo kanang asul nga sinilas.

Imo ba kadtong puting sinina?
Dili ako kadtong puting sinina.

Ako ba kanang berdeng kalo?
Dili imo kining berden kalo.

Imo ba kanang mubong iro? (short)
Ako kining mubong iro.

Dili ako dakong bag.
Dili na ako.

Dili amo king gamayng iro.
Dili ni imo.

Dili ako kadtong mubong iring.
Dili to ako.

Dili amo kining guwapang bata.
Dili ni ako.

Dili ako kadtong maayong bata
Dili to ako.

Dili ako kanang berdeng libro.
Dili na ako.

Imo ba kadtong kapeng kalsonis? (brown)
Dili to ako.

Ako ba kining asul nga lapis?
Imo na.

Imo ba kanang pulang sinina?
Ako ni.

Ako ba kining gamayng kanding? (goat)
Dili ni ako.

Ako ba kadtong dakong kahon? (big box)
Ako to.

Dili ba imo kanang bag?
Hain?
Kanang itom. (black)
O, ako na.

Gikatagbo ni Carla ug Juan si Jore Mae, usa ka
classmate ni Carla.
Carla and Juan met Jore Mae, Carla's classmate.

Kinsa man na siya?
Who's that?

Kanang akong kauban?
My companion?

O, imong trato ba siya?
Yes, is he your boyfriend?

Dili uy! Kana ang akong igsoon.
No! That's my brother.

Kana ang akong amiga. (f. Friend)
Kini ang akong bana. (husband)

Kadto ang akong asawa. (wife)
Kini ang akong amigo. (m. Friend)
Kana ang akong trato. (b/g friend)
Kadto ang akong sudlay (comb)
Kini ang akong sabon. (soap)

Leksyon 12

Imong iro ba kini?/Imo ba kining iro?
Akong lapis ba kana?/Ako ba kanang lapis?
Imong libro ba kadto?/Imo ba kadtong libro?
Akong sinina ba kini?/Ako ba kining sinina?
Imong sapatos ba kana?/Imo ba kanang sapatos?
Akong relo ba kini?/Ako ba kining relo?
Akong kahoy ba kadto?/Ako ba katong kahoy?

Hain man ang sapatos?
Imong sapatos?
O, kadtong akong itom nga sapatos.
Tua kadtong imong sapatos sa closet.

Si Marcos, usa ka maistro, milabay sa gamayng tindahan sa eskina.
Marcos, a teacher, passed by the small store on the corner.

O, bay. Diin man ka?
Where have you been?

Didto ko sa bayli.
There (I was) at the dance place.

Maayo ba ang bayli?
Was the dance place nice?

O, maayo. Dunay guwapang mga babaye didto.
Yes, great. There were many pretty girls there.

Tua ba didto ang imong kauban?
Was your companion there?

Kinsa? Nana? Wala siya didto. Tua siya sa siyudad.
Who? Nana? She wasn't there. She's in the city.

Kana si Maria.
Kinsa man na?

Kana ang simbahan.
Unsa man na?

Kadto sila si Carmen ug si Tala.
Kinsa man kadto sila?

Kadto ang mga lalaki.
Unsa man to?

Munisipyo ni.
Unsa man ni?

Si Teresa man to.
Kinsa man to?

Kini siya si Valentino.
Kinsa kini siya?

Kadto ang dakong merkado.
Unsa man kadto?

Abogado ba siya?
O, abogado siya.

Guwapa kaayo kining babaye. May nindot nga sinina. Tua didto siya bayli. Nagunsa siya.

Nagsayaw ba siya? (dance)

Lalaki siya. Duna siyay lapis. May pulang notebook siya. Nia siya dinhi sa kwarto. Duna siyay asul nga kalsonis. Duna siyay puting sinina. Kina man siya?

Siya ba si Ron?

O, unsa man ni si Ron?

Tubero kini siya.

Nag'unsa man siya?

Nagtuon siya.

Leksyon 13

Usa ka Pililipino ug usa ka foreigner nag'istoria sa usa ka birthday party. Nanga'on sila ug kan'on.
A Filipino and a foreigner talk about a birthday party.

Duna bay kanon sa inyo?
Is there rice in your (place)?

Sa Amerika? Duna.
In America? There is.

Tinuod ba? Dili' ba pan lang didto sa Amerika?
Really? Isn't there only bread in America?

Dili. Sa amo may pan ug kanon, may saging sab.
No. At our place there's bread, rice, and also bananas.

Apan wala moy tuba, sa?
But you haven't got tuba, have you?

Wala.
Nope.

Kana ang akong amigo.
Kana ang ila maistro.
Kadto ang amo mayor.
Kadto ang ato sapatos.

Kini ang inyo sinilas.
Kini ang iya balay.
Kini ang imo asawa.
Nia ba si Rosa?
Wala pa. Tua sa among tindahan.
Ang iyang igsoon, si Raul nia ba?
O, nia siya dinhi sa kusina.

Si Tomas ug si Raul naginom sa tindahan ni Raul.
Tomas and Rauo are drinking at Raul's store.

Unsa nay oras?
What time is it?

Hapit na alas dose.
Almost twelve.

Yay! Adto na ko ha.
Ouch, Gotta go now.

O, inom pa. Gusto ka pa bag tuba?
Drink some more. Do you want more tuba?

Dili na, salamat.
No more thanks.

Pa uli' na ko.
I'm going now.

Adto ka na ba? O, sigi.
Your'e going now? OK.

Unsay nay oras?
Ala una (one o'clock, and so on)
Alas dos
Alas tres
Alas kuwatro
Alas singko
Alas sayis
Alas siyete
Alas otso
Alas nuwebe
Alas diyes
Alas onse
Alas dose

Unsa nay oras?
Hapit na alas kuwatro.
O, oras na. Adto na ta!

Singko 5
Diyes 10
Kinsi 15
Baynti 20
Baynti singko 25
Traynta 30
Traynta singko 35
Kuwarenta 40
Kuwarenta singko 45
Singkuwenta 50
Singkuwenta singko 55
Alas diyes 10

Alas diyes singko 10:05
Alas onse diyes 11:10
Alas dose kinsi 12:15
Alas nuwebe baynti 9:20
Alas otso baynti singko 8:25
Alas siyete traynta 7:30
Alas sayis y midya 6:30
Alas sayis traynta singko 6:35
Alas tres kuwarenta 3:40
Alas tres kuwarentay singko 3:45
Alas dos singkuwenta 2:50
Ala una singkuwentay singko 1:55

Unsa may oras, Jen?
Ala una y midya.

Unsa may oras?
Menos baynti singko para alas kuwatro.

Menos kinsi para alas sayis.
Menos diyes para ala una.
Menos singko para alas diyes.

Leksyon 14

Adto na ta, Steve, gabii na.
Adto na mi, sir.
Sigi, good night.
Ta na. (let's go)

Si Ronah, usa ka estudiyante, ninglabay sa iyang amigo nga nagsanding sa kahoy.
Ronah, a student, passed her friend who was leaning against a tree.

Hoy! Gusto ka bag tuba?
Hey, do you want some tuba?

O, gudto. Tana.
Sure, let's go.

Diin man ka gahapon?
Where were you yesterday?

Didto sa amo. Nagtuon akog math. Ngano man?
At my place. I was studying math. Why?

Dito mi sa merkado. Nagdula kamig mahjong sa tindahan.
We were in the market. We played mahjong at the store.

Maayo ba ang dula?
Was the game good?

Dimalas.
Not so lucky.
Nagdula siya sa plasa gahapon. (played)
Nagilis siya sa kuwarto gahapon. (moved)
Nagluto siya sa kusina gahapon. (cooked)
Nagtuon siya sa sala gahapon.(studied)
Nagkaon siya sa kusina gahapon. (ate)
Nagbasa siya sa sala gahapon. (read)
Nagtudlo siya sa eskuwelahan welahan gahapon. (taught)
Naginom siya sa tindahan.
Nagtrabaho sila sa siyudad. (worked)
Nagnabuhi sila sa Bohol. (lived)

Nagdula si Carmen. Diin siya magdula?
Nagilis si Carmen. Diin siya magilis?
Nagluto si Carmen. Diin siya magluto?
Nagtuon si Carmen. Diin siya magtuon?
Nagkaon si Carmen. Diin siya magkaon?
Nagbasa si Carmen. Diin siya magbasa?
Nagtudlo si Carmen. Diin siya magtudlo?
Naginom si Carmen. Diin siya maginom?
Nagtrabaho si Carmen. Diin siya magtrabaho?
Nagnabuhi si Carmen. Diin siya magnabuhi?

Nagdula ba si Carmen?
O, nagdula siya.
Diin siya magdula?
Sa balay.

Nagilis ba si Ron?

O, nagilis siya.

Diin siya magilis?
Sa kuwarto.

Nagluto ba si Rosa?
O, nagluto siya.
Diin man siya magluto?
Sa kusina.

Hain man si Fred?
Naa siya sa sala.
Nagunsa man siya?
Nagbasa siya.

Naginom ba si Isagani?
O, naginom siya.
Diin man siya maginom?
Sa tindhan.

Nagtrabaho siya sa siyudad.
Nagilis siya sa kuwarto.
Nagtuon siya sa sala.
Nagluto siya sa kusina.
Nagtudlo siya sa eskuwelahan.
Nagkaon siya sa kusina.
Nagbasa siya sa sala.
Naginom sila sa tindahan.
Nagdula sila sa plasa.

Leksyon 15

Nagilis ka bag sinina?
O, nagilis mig sinina.

Nagbasa ba kamog libro?
O, nagbasa mig libro.

Nagdala ba ug bag si Julia?
O, nagdala siyag bag.

Nagtudlo ba ta ug math? (teach)
O, nagtudlo tag math.

Nagpalit ba mig pansit?
O, nagpalit mog pansit.

Nagluto ba pan si Juan?
O, nagluto siyag pan.

Nagtuon ba siyag science?
O, nagtuon siyag science.

Nagtuon ba siya science?
Wala. Wala siya magtuon ug science.

Nagluto ba mog saging?
Wala. Wala mi magluto ug saging.

Nagkaon ba silag mangga? (mango)
Wala. Wala sila magkaon ug mangga.

Naginom ba mig tubig? (water)
Wala. Wala mo maginom ug tubig.
Nagpalit ba siyag pan? (buy)
Wala. Wala siya magpalit ug pan.

Nagdala ba kog pansit? (bring)
Wala. Wala ka magdala ug pansit.

Nagluto si Ronah.
Nagluto ug pansit si Ronah.
Nagluto ug pansit sa kusina si Ronah.

Nagtudlo siya. (teach)
Nagtudlo siyag math.
Nagtudlo siyag math sa eskuwelahan.
Nagtudlo siya math sa eskuwelahan gahapon.

Nagbasa si Carlo. (read)
Nagbasa ug libro si Carlos.
Nagbasa ug libro sa sala si Carlos.
Nagbasa ug libro sa sala si Carlos gahapon.

Nagpalit si Isagani. (buy)
Nagpalit ug saging sa merkado si Isagani.
Nagpalit ug saging sa merkado si Isagani gahapon.

Usa ka tigulan nga babaye nanuroy ug isda.
An old woman goes about selling her fish.

Isda, isda!
Fish!

Saka, Nang. Pila man kini?
Come on up, Nang. How much is it?

Singkuwenta sentabos.
Fifty centavos.

Uy, kamahal! Traynta lang, Nang.
How expensive! Only thirty, Nang.

Alkansi man.
I'll lose money.

Kuwarenta.
Forty.

O, sigi na lang.
OK.

Pila man kini?
Pila man kana?
Pila man kadto?
Pila man na?
Pila man ni?
Pila man to?

Pila man ang isda?
Pila man ang libro?
Pila man ang kalo?
Pila man ang tualya?
Pila man ang manok?
Pila man ang sudlay?

Pila man kining isda?
Pila man kining mangga?
Pila man kana pansit?
Pila man kana sinina?
Pila man kadto bag?
Pila man kini kalo?
Pila man kana kalsonis?

Tagpila man ang orange?
Tagpila man ang mansanas? (apple)
Tagpila man ang sibuyas? (onion)
Tagpila man ang kamatis? (tomato)

Tagpila man knining sibuyas?
Tag-tres ang dusina. (dozen)
Tag-dos. Pobre man ko kaayo. (poor)
O, sigi. Tag-traynta sentabos ang usa.
Sigi, Nang. Salamat.

Leksyon 16

Si Marcos migula sa kusina nga nagdala ug bugsay.
Marcos came out of the kitchen carrying an oar.

Asa ka, Noy?
Where are you going?

Karon? Sa dagat.
Now? To the ocean.

Magunsa man ka didto?
What are you going to do there?

Magboating. Uban mo?
Go boating. Want to come along?

Kanindot! Uban mi.
Great! I'll go with you.

Magboating sila ugma. (tomorrow)
Magsuroy sila ugma.
Magluto ko unya. (later)
Magbaklay sila sa Domingo.
Magsakay sila ug barko sa Lunes. (ride)
Maglinis sila sa balay karong hapon. (clean)
Magsulat ko ugma.

Magtrabaho ba si Juan ugma?
O, magtrabaho siya ugma.
Dili. Dili magtrabaho si Juan ugma.

Nagboating sila gahapon. (yesterday)
Nagsuroysuroy sila gahapon.
Nagluto ka gahapon.
Nagsakay siya gahapon.
Nagbaklay kita karon.
Nagtrabaho kamo karon.
Naglinkod ko gahapon.
Naglinis kami karon. (clean)
Naglakaw sila gahapon.
Nagdaro siya gahapon. (play)
Nagsayaw ka gahapon. (dance)
Nagmatulog kita gahapon. (sleep)

Nagunsa ko karon?
Hain man ka?
Nia ko dinhi sa kusina.
Nagluto ka ba?
Wala. Wala ko magluto.
Nagkaon ka ba?
O, nagkaon ako karon dinhi sa kusina.

Diin nagluto si Sam gahapon?
Nagluto siya sa kusina gahapon.

Asa magbaklay si Rodelyn ugma?
Magbaklay siya sa bukid ugma. (going, mountain)

Hain sila magsayaw karon?
Magsayaw sila sa plasa karon.

Asa kamo magdaro ugma?
Magdaro mi sa bukid ugma.

Diin kita maginom gahapon?
Maginom kita sa tindahan gahapon.

Asa siya magkaon ugma?
Magkaon siya sa merkado ugma.

Diin siya magkaon gahapon?
Nagkaon siya sa merkado gahapon.

Hain siya magkaon on karon?
Nagkaon siya sa merkado karon.

Diin ka nagtudlo gahapon?
Nagtudlo ko sa eskuwelahan gahapon.

Asa ka magilis ugma?
Magilis ko sa kuwarto ugma.

Hain ka magtrabaho karon?
Nagrabaho ko sa Manila karon.

Go back to lesson one and study over again.

Also by the Author

Over 70 titles. But here a few:

My Little Book of Cebuano
My Little Book of Cebuano Vol. 2
My Little Book of Italian
A Miniature Life
Signorina
Giallo
Manstat
Faceless
Bonbon
Arms Around You
The Ducati Girl
Terror in Atlanta
Let's Get into The Weird
Sorry but I Must Kill You
The Ducati Girl's Confessions
The Pillow Book of Carmen Garcia
Supercitizens
The First Party
The Ducati Girl – Family Affair
Are Popes Really Needed?
War of the Currents
The Ducati Girl, Darwin, and the Pig of Nebraska
M–Could You Be on Another Dimension?
Gramsci
The Ducati Girl: Toxic Connection

About the Author

Multiple genres author Alfonso Borello has written drama, thrillers, travel diaries, biographies and essays on history, religion, philosophy, psychology, evolution, cosmos, revolutionaries, inventors, and numerous books in foreign languages and on language learning in Italian, Spanish, Chinese, Tagalog, Cebuano, and Thai.

Printed in Great Britain
by Amazon